鹿児島大学島嶼研ブックレット

TOUSHOKEN BOOKLE

魅惑の島々、奄美群島―社会経済・教育編

山本宗立・高宮広土 編
YAMAMOTO Sota TAKAMIYA Hiroto E

●目次●

魅惑の島々、奄美群島―社会経済・教育編―

The Amami Archipelago Rich in Natural and Cultural Resources:
Society, Economy and Education
Edited by
YAMAMOTO Sota and TAKAMIYA Hiroto

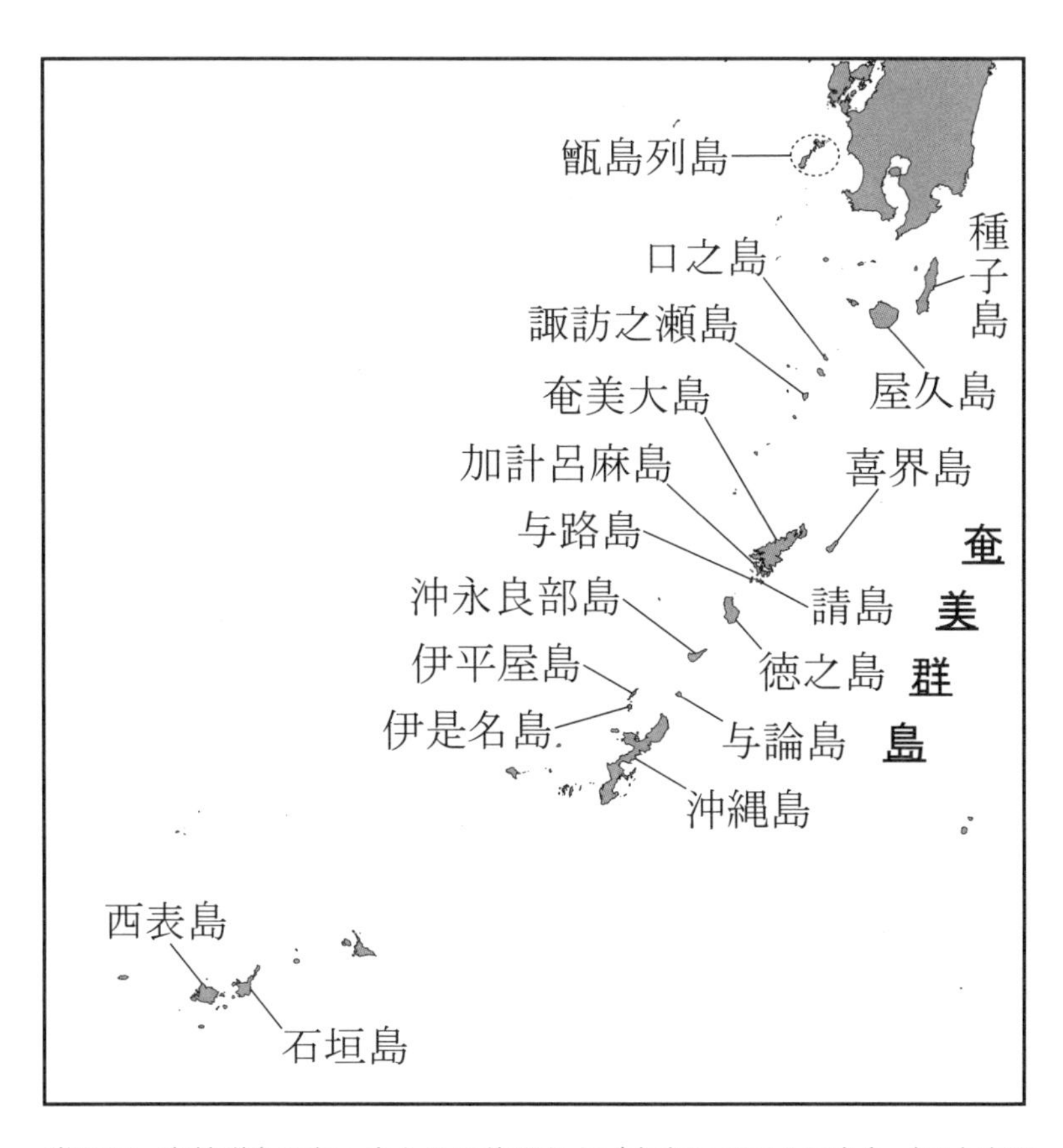

巻頭図　奄美群島の有人島とその位置および本書にでてくる島名（国土交通省国土政策局「国土数値情報（行政区域データ）」をもとに編者が編集・加工）

I　はじめに

「奄美の島には何もない」。しばしば奄美群島の方々がため息をつきながら、このような言葉を口にすることがあります。本当に「奄美は何もない島」なのでしょうか。いや、奄美群島にはすばらしい歴史、文化、自然、そして産業があります。このような情報を奄美群島や島外の方々がご存じない理由の一つは研究者にあると思われます。これもよく地元の方が嘆いたことです。「本土の研究者に協力しても、あの人たちはデータを本土に持って帰るだけで、その内容を教えてくれない」。この問題を解決する一つの手段として、鹿児島大学国際島嶼(とうしょ)教育研究センターは、二〇一五年四月に教職員が常駐する奄美分室を奄美市に設置し、奄美群島により密着した教育と研究を始めました。

例えば、文部科学省特別経費プロジェクト「薩南諸島の生物多様性とその保全に関する教育研究拠点整備」(鹿児島大学、二〇一六〜二〇一九年度)では、陸上・海洋生物の詳しい分布調査、生態系の多様性維持機構の解明、人と自然との関係性などを明らかにするための総合的な研究(理系と文系の研究者による共同研究)を奄美群島で実施しました。そして、ここが肝心な点ですが、以前と異なり、私たちの研究成果を地元の方々にできるだけ還元するため、「奄美分室で語りましょう」などの勉強会、奄美群島の先史時代、島唄、産業、生物多様性に関するシンポジウム、陸上・海洋生物の観察会、「奄美群島島めぐり講演会」などを開催しました。奄美分室開設後はそれ以前と比較すると地元への還元が増えたとはいえ、それでもほんの一部にすぎませんでした。また、参加してくださった地元の方々も、どちらかというと一部の人たちに限られていました。そこで、奄美群島の方々に私たちの研究成果をより一層還元することを目的として、『南海日日新聞』で連載コラム「魅惑の島々、奄美群島」を企画するにいたりました（二〇二〇年一月～二〇二一年三月）。この連載によって、より多くの方々に島の魅力をお伝えすることができたのではないかと思います。

「魅惑の島々、奄美群島」の連載は、国際島嶼教育研究センターの専任教員、兼務教員、客員研究員が執筆を担当し（総勢四九人、六六本掲載）、以下の八つのカテゴリーで構成されていました。「①島嶼文明」、「②歴史・伝統文化」、「③社会・産業経済」、「④自然（陸）」、「⑤自然（海・川）」、「⑥自然（利用）」、「⑦自然（外来種・諸問題）」および「⑧教育の場としての島」です。それらのうちから、奄美群島の「社会経済・教育」に関するコラムを集め、そして新たな原稿を一つ加えて再構成したのが本書です。町の発展史、多様な「シマ」の存在意義、人と自然との関係、新技術の導入や新たな共同性の創出による地域社会の未来可能性、教育の場としての重要性など、奄美群島の社会経済・教育に関するホットな話題をお楽しみください。

（編者）

Ⅱ　社会経済

1　奄美の都会・名瀬のあゆみと今

木方十根（鹿児島大学大学院理工学研究科）

奄美市名瀬（なぜ）は奄美群島最大の都市です。旧名瀬市域の人口は約三万五五〇〇人（二〇二一年現在）、奄美群島の総人口の約三分の一を超え、鹿児島県下でも十指に入る都会です。しかしながら名瀬の街のあゆみは案外複雑です。

「名瀬」とは「ナージ」（空地）の訛りだという説もありますが、実際に元禄、天保の国絵図「琉球国大島」（一六九六〜一七〇二年、一八三五〜一八三八年）を見ると、現在の名瀬の位置は空白になっています。名瀬が群島の中心地として発展する発端は、代官仮屋などの名瀬間切金久（かねく）村への移転（一八〇一年）で、それほど古い話ではありません。

明治八（一八七五）年、鹿児島県大島郡としての行政区分制度が発効し、大島大支庁が旧仮屋跡から現在の名瀬市街中心に移転し開庁しました。支庁はその後も改名・移転を繰り返し、ようやく明治四〇（一九〇七）年、鹿児島県大島支庁現在地に落ち着きました。

一方、金久村は、薩摩藩・グラバー商会による大島開発構想（慶応元［一八六五］年）以来、国内外を中継する流通拠点として発展し、鹿児島・沖縄・台湾・上海航路の寄港地となりました。海岸沿いには明治一〇年代以降、鹿児島商人のほか、長崎、大阪などの商人が寄留し、商業地や居住地が拡大しました。明治二四（一八九一）年ごろの『奄美史談』収録図には「島庁、裁判所、警察署、監獄署、学校アリ、料理屋アリ、商店軒ヲ並べ物資輻輳ス……小都会ナリ」と記録があります。明治四三（一九一〇）年には、寄留商人たち相手の料理屋などを「西隅ナル屋仁川ノ地ヲ相シ、区域ヲ指定シ建物ヲ全部移転、営業セシムルコトトセリ」とした警察主導の歓楽街集中計画によって「屋仁川（やにがわ／やんご）」が誕生しました。

一方、産業としての大島紬が発展するにつれ、田畑の残る伊津部（いつぶ）村に紬工場が増加しました。大正年間には紬産業は黒糖を上回る産業となり、商業の金久、製造業の伊津部が複合した産業都市・名瀬の原型が生まれました。産業の発展とともに人口が増加し、海路・陸路の両面の要所にあたる永田橋（ながたばし）付近に市場が形成されました。昭和六（一九三一）年には公設の永田橋市場が開設されました。

人口増とともに名瀬付近には徐々に道路が造られましたが、明治一〇年代以降それらの等級指定が進みました。河川改修や河口の埋め立ても進み、大正に入ると下水溝設置なども着手されました。昭和七（一九三二）年には、港湾修築、道路、土地改良などの事業の予算要求が行われ、昭和一五（一九四〇）年、最初の法定都市計画である名瀬都市計画が立案されました。

第二次世界大戦中、海軍大島根拠地隊、古仁屋（こにや）航空基地が設置された奄美大島は、戦争末期には米軍の激しい攻撃対象となりました。「できるだけ騒々しく動いて大艦隊接近の印象を与える」（米軍ハルゼー大将、一九四四年）とした攻撃は小集落までにも及びました。最大都市・名瀬は壊滅的被害をうけ、旧名瀬教会堂（一九〇二年着工、一九二八年完成）など、優れた建築物も失われました。

終戦後、昭和二一（一九四六）年には、旧支庁にて米国軍政府が開庁、本土から行政分離されました。ガリオア資金（占領地救済政府基金）による援助も本格的復興には結びつかず、名瀬の焼け跡には、米軍放出の段ボールやシイの割材を屋根や壁に利用した小屋が建ち並びました。

日本復帰（昭和二八［一九五三］年一二月）のあと、奄美群島復興特別措置法（昭和二九［一九五四］年）

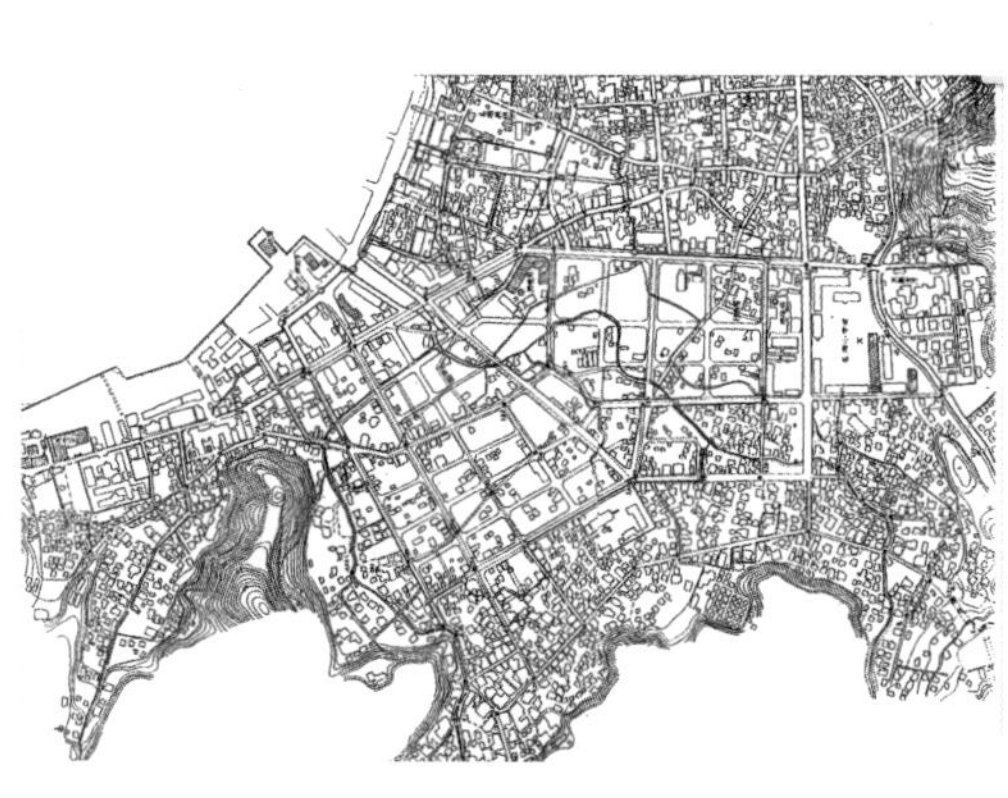

図１　名瀬都市計画名瀬火災復興土地区画整理設計図
（第１次施行区域・奄美市役所所蔵）

によって港湾修築、公共施設整備など振興計画が再開された矢先、名瀬は栄町大火（一九五五年一〇月）、入舟町大火（同一二月）に見舞われ、再び焦土と化しました。

本土では一九四六年以降進んでいた戦災復興都市計画にちょうど一〇年遅れ、名瀬では一九五六年以降「火災復興都市計画」として本格的な都市改造が始まりました（図1）。鹿児島県は本土での戦災復興都市計画で培った技術を準用しつつ、特別措置法の失効時期を見据えた早期の事業実現を進め、名瀬の街はその勢いのまま、高度成長期へと突入していきました。

現在も名瀬では末広・港地区の土地区画整理事業が施行中で、マリンタウンの開発も進んでいます。昭和三〇年代以降、名瀬では常にどこかで都市計画事業が行われてきました。「ナージ」のうえに絵を描き終える日も遠くはないでしょう。しかし、暮らしよい街にするためには成熟の時も必要です。そろそろいったん絵筆を置き、一歩引いて出来映えを確かめたうえで、小筆に持ち替えて作品を整える時期が来ているように思います。

2 喜界「島」と「シマ」

中谷純江（鹿児島大学グローバルセンター）

喜界島は、人類学者が一人で調査を行うのに人口や面積がちょうどよい、つまり島全体を一人で把握しきれる規模です。それでいてシマ（集落）ごとに異なる方言や行事を受け継いでおり、研究対象に事欠きません。いつ訪ねても何か新しい発見がある、そんな調査地です。これまで特に私が関心をもって聞き取りを行ってきたのは、伝統的な行事や暮らしのスタイルがいかに維持され、変化し、次に受け継がれるのかという点です（写真1）。

面積わずか五七平方キロメートルの島に、昭和初期には二万人以上の人々が暮らしていました。限られた土地や海からの資源を最大限に生かしながら、サトウキビ生産や大島紬を収入源に人々が助け合って暮らしていたことが想像されます。現在、人口は三分の一に減っており、単に人数が減っただけではなく若者が島の外へ移出し、高齢化が進んでいます。過疎化が進む地域の暮らしをいかに維持していくのか、伝統を継承していくのかは何も喜界島だけの問題ではありません。

しかし、私が喜界島で興味深いと感じたことは、人々が「シマ」に帰属意識をもち、「シマ」

写真１　八月踊り唄保存会の活動に参加

ごとに異なる気性や話し言葉、風習を育んできたため、「島」として人々が共有し、守っていくべきものが掴みにくい状況にありました。そのことをある人は「方言を伝えていくため、学校で教えようという動きがあるが、どこの集落の方言を教えるのかという問題にぶつかってしまう。人口が多い中心部の集落の方言を喜界島の方言にするという意見もあるが、それはもはや地域の伝統とはいえないのではないか」、「いったい私たちは何を守って、何を伝えていくべきか」と語ってくださいました。

　少し専門的な話をすると、「伝統」とは多くの場合、実は古くから受け継がれてきたものではなく、近代化のなかで「創造」されたものであるという説があります。有名な事例では、「古来」スコットランドの伝統とされるタータンチェック文様のスカートやバグパイプは、一九世紀以降にイングランドとの違いを強調するためにスコットランド・ナショナリズムによって創られたものなのです。同じ現象として、例えば人口の多い湾（わん）集落の方言が、あるときに喜界島の伝統方言になることはそれほど不思議なことではありません。しかし、その背景には、喜界島への帰属意識が集落への帰属意識より強くなるための政治的出来事（ナショナリズムの高揚）がともなわれる必要があるというのが定説です。

　ところがここ数年の喜界島での調査からみえてきたことは、シマごとに方言や風習が異なることは、シマを超えた人のつながりを生みだすことや喜界島への帰属意識をもつことの足枷（あしかせ）には必ずしもならないという点です。簡単にいうと、「シマ」と「島」は、どちらかに足を置くと、どちらかが弱まるような対立する二つの土俵ではありません。むしろ多様な「シマ」の存在が喜界島を成立させているといえるでしょう。このことに気づかせてくれた一つのエピソードを紹介したいと思います。

　島中（しまなか）という海に面していない山間部の小さな集落で八〇歳を過ぎた女性にお話を聞いたことがあります。島中はその地理的な不便さから人口減少が著しい地域です。しかし、団結力があって集落活動は盛んであり、中国人やフィリピン人のお嫁さんも婦人会のメンバーとして活躍していると伺いました。こんな小さな集落で外国人の女性が暮らしていくのはさぞかし大変だろうと想像し、「どうやって言葉や習慣の違う人を受け入れているのですか？」と質問をしたことがあります。すると島中の女性は「私たちは外の人を受け入れるのに慣れているから」と、ごく当たり前のように答えてくださいました。

彼女によれば、「島中は昔から（小さな集落のため）外の人を受け入れないとやっていくことができなかった。この人も、あの人もよそのシマから嫁いできた。区長さんの奥さんだってそうだ。言葉も風習も違う人を私たちはずっと受け入れてきたから」とのことでした。いわゆる「日本人」以外を外国人とみなし、一方で喜界島で生まれた人を一括り（ひとくく）にしていた私の勝手な思い込みは、音を立てて崩れ去りました。

世界中の人やモノや情報が国境をこえて移動するグローバル化時代においては、言葉や文化の違い、障害のあるなし、性的志向などのさまざまな違いを包摂した多様な社会、開かれた社会を作ることができるかどうかが、あらゆる地域社会にとって存続や発展をかけた課題となります。喜界島では、すでに子どもたちが集落の方言をつかって狂言を演じる取り組みや、クラウド・ファンディングを利用して各集落の方言をバス停の標識に記載する活動などが始まっています。

これらの「シマ」文化を発信する取り組みは、集落内の人々をつなぐとともに、異なる集落間の違いを理解し、共有し育んでいく効果があります。さらに喜界島の外に向かって、多様性をもつ島の魅力を発信することにもつながります。「私たちはずっと外の人を受け入れてきたから」と、グローバル化時代の最先端の考え方を、シマから出たこともないおばあちゃんから教えてもらった衝撃を今も忘れることができません。

3　エコツーリズム、地域との関わり

宋　多情（鹿児島大学国際島嶼教育研究センター）

二〇一一年八月、旅行で初めて奄美大島を訪れました。この島の北から南までさまざまな場所へ足を運び、奄美群島の自然、歴史、そして文化を体験しました。私は三泊四日の旅ですっかり奄美群島が好きになり、漠然と奄美群島のことをもっと知りたいと思いました。そこで、鹿児島大学の大学院に入学して奄美群島を研究対象地域に選び、奄美大島に通うようになりました。本項では「地域との関わり」をキーワードに、私が今まで奄美大島でどのような調査研究を行ってきたのかを紹介したいと思います。

私が研究テーマとして選んだのは「奄美大島の観光とエコツーリズム」でした。エコツーリズムは、持続可能な観光の一形態であり、地域の自然、歴史および文化の保全を図りつつ、これらを

適切に活用する観光概念です。その特徴は、①ガイドの存在の重要性（観光客に地域をより深く理解してもらうため）、②小規模での実施（自然環境や地域社会への負担を軽減するため）にあります。ダイビングやスノーケリング、ホエールウォッチングなどの海のアクティビティから、奄美市住用町に位置するマングローブでのカヌー体験、金作原国有林散策、アマミノクロウサギをはじめとする野生動植物の観察もエコツアーに位置づけられます。

私が島で調査を始めた二〇一三年には、奄美群島広域事務組合（奄美群島一二市町村が集まった行政組織）が、世界自然遺産登録に向けた取り組みの一つとして、ガイドを一つの組織に集め、ガイド同士の連携と質の向上のための制度づくりに力を入れていました。私は、奄美大島エコツアーガイド連絡協議会（二〇〇八年発足）の登録ガイドを対象に、ガイドになったきっかけや自然に対する考え方、何を価値ある自然として認識して観光客へ語るのかに関して聞き取り調査を行いました。この調査では、自然だけではなく歴史や文化の重要性についても彼らの考えを聞いてみました。

奄美大島でガイド業を営む人々をみてみると、ダイビングをはじめとする海のガイドはほとんどが移住者です。しかし、陸の自然、歴史や文化に関するガイドの多くは奄美大島出身者で、進学や就職で島を離れてから奄美大島の価値を再認識し、帰島後にガイドを職業にしたUターン者が半数を占めることがわかりました。

このように、調査の初めのころは、ある地域の自然を観光の場面に積極的に利用してきた人たち、つまり行政やガイドに注目していたため、実際にそこの自然に住み続けている地域住民とは直接関わる機会がありませんでした。

そのようななか、大学生・大学院生を対象にした奄美市の長期インターンシップ制度「知の地域おこし連携事業」で、二〇一四年一〇月からの半年間、住用総合支所産業建設課に勤務する機会があり、地域住民と関わりをもつようになりました。ＮＰＯ法人すみようヤムランドのメンバーや住用町連合青年団の方々にも協力を得て、里地里山の身近な自然や文化を活用した集落歩きメニューとマップを作り、住用町外の島民を対象にしたモニターツアーを実施しました。

この経験で学んだことは、地域住民の参加なしにはこれらの観光は維持できないということでした。よそ者がいくらアイデアをもって新しいものを生み出しても、続ける担い手がいないと無意味になります。入れ替わるよそ者に任せ続けるのにも限界があります。しかし、私自身が地域の人々に呼びかけ、観光メニューを作る側になってみて、「住民の参加」や「連携」などは言いやすいがけっして簡単ではないことを、身をもって経験しました。

鹿児島市に戻ってからも定期的に住用町を訪ね、今まで行政やガイドに問いかけてきた自然と

写真２　NPO 法人すみようヤムラランドの方々の話し合いの場。地域の自然、歴史、文化に関心を持ち、様々な形で継承を考えている

の関わりについて、住民の方々にも聞くようになりました。観光に利用されている地域の自然は住民にとってどのような存在なのか。例えばマングローブの場合、生活に利用したのはごく一部の資源にすぎず、道路の上から見える当たり前の風景でしかありません。また、今はナイトツアーに使われる市道スタルマタ線とその周辺の自然は、林業以外に使われることはほとんどなかったといいます。一九九〇年代半ばから、行政やガイドなどの外部の人々が、これらの自然を観光や世界自然遺産になりうる価値ある資源として評価することで、ここ数年住民も改めて地域の資源を見直すようになってきました。地域には何もないのではなく、宝がたくさん埋もれているのです。うれしいことに、外部の人々と地域住民の連携した活動により、それぞれの立場から地域の自然、歴史、文化が見直され、さらに継承され始めています（写真２）。

私は今後もこのような調査を続け、そして重要な点として、地域の人々と共に作り上げた記録をきちんと残していきたいと考えています。

4　奄美群島の自然の価値に気づく、当たり前を見直すことから

宋　多情（鹿児島大学国際島嶼教育研究センター）

日々生活をしていて当たり前と感じているものが、外からみたら実はそうではなかった…。皆さまも同じような経験をしたことがあるのではないでしょうか。奄美群島の自然も同様で、住んでいるとなかなか気づきませんが、異なる角度からみてみると、実はものすごく価値のある生き物がたくさんいます。

二〇二一年二月上旬、奄美市住用町で夜の野生動物を観察するツアーに参加しました。今回はアマミノクロウサギを今までに一度もじかに見たことのない、そしてナイトツアーを初めて体験するAさん（三〇代女性）と一緒でした。Aさんは奄美市名瀬平田町で生まれ育ち、アマミノクロウサギの生息地の一つである住用町にはあまり行く機会がなく、加計呂麻島の祖母の家に行く

時に通り過ぎたり、たまにドライブしたりする程度だったそうです。

私たちがナイトツアーに参加できたのは、二〇二〇年一一月に奄美大島五市町村が行った「島民向け宿泊・体験プログラム利用助成事業」に応募し、当選したからです。新型コロナウイルス感染症拡大の影響で観光客が減少しているなかで、島民がいつもはあまり利用することのない島内のホテルや観光を体験してもらおう、という趣旨の事業です。私たちが参加したツアーは通常七五〇〇円／人ですが、ほぼ半額が助成されて三八〇〇円／人で参加することができました。

名瀬から集合場所である住用町の三太郎の里まで車で移動する間に、ツアーに対する期待や、生まれ育った奄美大島について思うことなど、Aさんからいろいろなお話を聞くことができました。Aさんは大阪市に三年間住んだことがあります。そこでは海も山も遠くにあり、「奄美大島では自然が身近な存在だったんだな」と島外に出て初めて感じたそうです。子どものころは奄美大島の自然の中でたくさん遊んでいましたが、大人になってからの自然は風景であり、自然に直接ふれる機会は特になかったようです。

ツアーは約二時間半行われ、七匹ほどのアマミノクロウサギを観察できました（写真3）。Aさんは「生まれて初めて本物のアマミノクロウサギを観察できてうれしかった。いつも通り過ぎるだけで、きちんと見ることのなかった自然をこのツアーを通して意識することができた。とても有意義な体験となった」と感想を述べました。アマミノクロウサギが貴重な動物であることは地元メディアなどを通して知ってはいましたが、日常生活では遠い存在であり、少し他人事のように感じていたそうです。Aさんは、「やはり奄美大島の自然はすごいな」とも語り、奄美大島の自然の価値を再認識したようにみうけられました。

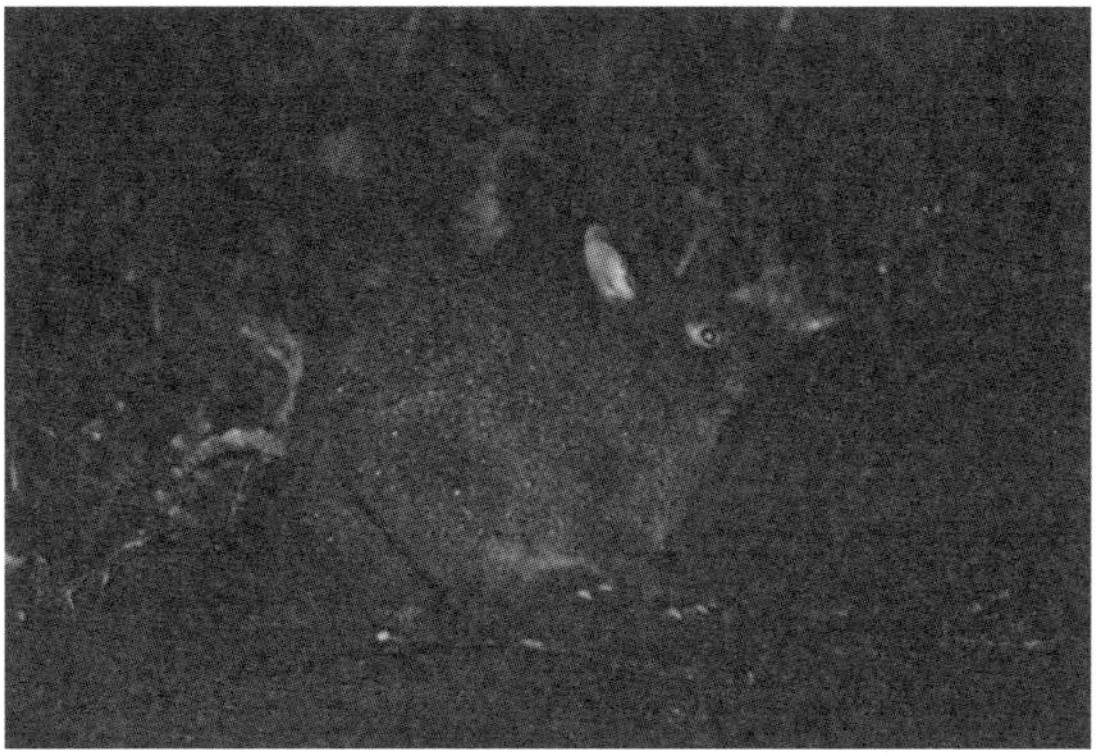

写真3　ツアー中に出合ったアマミノクロウサギ。奄美市住用町では、集落の近くでも観察できる、身近な自然に生息している動物である

一方、アマミノクロウサギが生息する住用町の住民は身近な自然をどのように感じているのでしょうか。私は最近、ナイトツアーに関する聞き取り調査を行っており、住用町の住民の方々にお話を伺う機会がありました。現在、ナイトツアーが行われている市道三太郎線とその周辺の自然は、住用町の住民にとっては「生活の場」でした。住用町は三太郎峠を境に大きく東城（とうじょう）と住用にわけられます。そして、その峠を越える道路として大正六（一九一七）年に開通した県道（当時）が、現在の市道三太郎線です。

この市道は、一九八九年に三太郎トンネルとバイパスができるまで、名瀬と瀬戸内町をつなぐ道路として大きな役割を果たしてきました。特に、林業が最も盛んだった一九六〇〜一九七〇年代は活発に利用されていました。時代の変化にともない、林業は衰退し、さらにトンネルとバイパスの完成により、市道三太郎線の利用はしだいに減っていきました。

聞き取り調査の結果、市道三太郎線とその周辺の自然は、住用町の住民にとって当たり前に存在する風景として認識されていることがわかりました。彼らにとって市道三太郎線はいつでも容易に行ける場所であり、アマミノクロウサギはいつでも見に行くことができる身近な自然にすんでいる動物なのです。

そして、この身近さがむしろ住民と自然との関わりを遠ざける要因の一つになっているかもしれないことも明らかとなりました。私たちが普段は意識をせずに吸っている空気と同じように、この「当たり前」に気づく機会がないのです。アマミノクロウサギが奄美大島と徳之島にしかいない貴重な動物であることは住民も知っていますが、そこにいるのが当たり前すぎて、積極的に見に行こうとする人はあまりいないようです。そこには貴重な宝が埋もれているのに、当たり前すぎることが、本物を見るという行動を抑えているように感じます。

近年、「世界自然遺産」や「保護」といったフレーズをよく聞くと思いますが、自分には「少しピンとこない」、そして「遠い話」と感じている方々もいらっしゃるかもしれません。しかし、些細なことでもいいので関心をもち、身近な自然と関わりをもち続けることで、「当たり前の自然」が実は「世界的に価値のある自然」であると再認識することができるのではないでしょうか。そうして初めて、価値ある奄美群島の自然を次世代に宝物として残していくことが可能となるのではないでしょうか。

5　教育の常識を奄美群島から問い直す

小栗有子（鹿児島大学法文学部）

私の専門は、社会教育学と環境教育学ですけど、経済学や生物学などと違って、解説をしないとなかなかピンときてもらえません。そこで今回は、ここ数年奄美群島で取り組んでいる「奄美群島の環境文化」という題材を使って私の専門を紹介したいと思います。

環境文化という言葉の起源は、一九九四年の屋久島の世界自然遺産登録時にさかのぼり、使いだしたのは、鹿児島県であり、屋久島です。その後は、二〇一七年に誕生した奄美群島国立公園が、環境文化という言葉に再び光を当てました（正確には環境文化型国立公園）。

環境省のＨＰの解説を見ると「奄美の森や川、浜などの自然環境は、人々の暮らし、営みなど、文化に深く関わってきました。古道、サンゴ石垣、稲作とそれにまつわる風習のある風景、リーフで魚介類を捕る風習の風景など、人と自然の関わりを国立公園の魅力のひとつとして」守り継承しようということになっています。

一方、私がこの一〇年ほど活動している鹿児島大学鹿児島環境学研究会というチームの受け止め方は少し異なります。国はそういうけれども、奄美群島に実際に暮らしている方々の経験や肌感覚からすると、この言葉にはどのような意味があるのだろうか。そんな疑問から始めた研究活動が三年目を迎え、今取り組んでいるのが「奄美環境文化本」の発刊準備です。北は奄美市笠利(かさり)町、南は請島、与路島までの多様な世代の方一〇〇人に自然との関わりについて聞き取り調査を行った内容を編集するものです。すでに八〇人以上の方々にお話を聞くことができました。詳細については、刊行したらぜひご覧いただきたいと思いますが、ここではお話を伺うことでみえてきた共通項を紹介いたします。

ポイントは三つあります。第一に幼少期の経験がとても大事だということを確認したこと、第二に海や山など自然との関係をつなぐ「導き役」が誰にも存在するということ、そして、第三に幼少期の経験の意味を客観的に見直すきっかけを誰しももっているということです。

「導き役」については、人それぞれです。家族や親戚、集落のおじちゃん、おばちゃん、兄ちゃん、姉ちゃんなど手招きした人は、人それぞれです。共通するのは、「導き役」から魚の習性や魚の取り方、道具の作り方やその使い方など自然と関わる何らかのヒントをつかんでいるということです。そのような自然との関わりも幼少時においては、単なる体験でしかありません。しかし、それが、島の外に出たり、人に指摘されたり、本を読んだりするなどの機会があると、自らの体験に新たな意味や価値を自分で与えていくようになります。

当たり前だった海が、実はとてもきれいで価値のあるものだったり、知らずに唄っていた島唄に奥の深い意味が込められていたり、煩わしく感じた集落の人の干渉も実はありがたいことであったりなど枚挙にいとまがありません。大事なことは、新しいまなざしで価値づけられる「体験」をもっていることです。ハブで考えてみましょう。実際にハブを見たり、捕ったり、怖い体験をした人としていない人とでは、ハブの本当の怖さを理解する深さに差が生まれます。それと同じで、頭の知識だけで理解することと、実体験を通して理解することには格段の開きがあります。

そんなことは当たり前だと思うかもしれませんし、それがどうしたと思うかもしれません。しかし、私たちの価値判断や行動は、各自の中にあるこのような確かな認識に基づいています。

写真４　加計呂麻島 俵（ひょう）集落にある民具資料館の縄編み機。手作りの資料館には集落の人々の足跡が刻まれていた

かといって、どのような体験を子どもに積ませるのがよいのかについて、私たちの社会は真剣に考えてきたのでしょうか。

聞き取り調査を通して見いだせたことは、暮らしと自然が結びついた豊かな経験の大事さであり、収録したのはその状況証拠です（写真４）。人は学校という限られた時間と場所の中だけで育つわけではありません。もっと長い時間軸の中で、周囲の環境や自然との関わりのなかで成長し、変容していくものです。教育の常識を奄美群島から問い直し、未来の教育を展望すること、これが私の専門だといえそうです。

6　共に探求する研究へ

小栗有子（鹿児島大学法文学部）

「皆さんは伝統行事と普通のイベントの違いは何だと思いますか？　三分時間を取るので、周囲の人と相談してみてください…はい、時間が経過しました。どんな意見が出ましたか」。

これは、私が企画したシンポジウムの一場面の紹介です。シンポジウムといえば、登壇する人の話を一方的に聞くというイメージがあると思います。私の専門である社会教育の立場からは、このような固定的な教え／教えられる関係をずらすことを意識します。

その理由は、新たな知識を得ることよりも、お互いのもつ知識や経験を共有し、振り返り、検討しあう対話の機会が大切だと考えるからです。また、解決すべき「問題」の多くは、与えられるものではなく、発見する必要があるからです。

私はこれまで鹿児島大学鹿児島環境学研究会（以下、大学）のメンバーとして、奄美群島のノネコ問題や環境文化をテーマに活動してきました。その特徴は、問題に関わる当事者と一緒に問題を考えてきたことです。このような研究スタイルの意味を冒頭の質問を例にして考えてみたい

写真5　シンポジウムの開催に向けて、龍郷町の秋名・幾里集落、奄美市住用町の市集落、大和村の国直集落、環境省、鹿児島大学の関係者との間で、現地視察や遠隔会議も含めて複数回準備会合を行った

と思います。

　この問いは、二〇一九年一月に大和村で開催した「シンポジウム　島の暮らし（環境文化）を考える」の際に取り上げたものです。このシンポジウムは、環境省の支援を受けて大学が、龍郷町の秋名・幾里、奄美市住用町の市、大和村の国直の区長さんらと話し合いを重ね、一緒に準備しました（写真5）。「環境文化」をテーマに企画を考えていた大学側に対して、区長さんらの本音は、「環境文化よりも伝統行事の継承の方が切実な問題だ」というものでした。

　奄美大島のシマジマには、八月踊り、豊年祭、浜オレなど、シマの人が大切にしている伝統行事が多くあります。しかし、共通するのは、どこも少子高齢化によって、その継承が難しくなっているということです。そこで、区長さんらの意見を尊重して、「シマの伝統行事のこれから」をテーマに取り上げて、冒頭で紹介した伝統行事と普通のイベントとの比較を行いました。

興味深い意見が出てきました。例えば、伝統行事は、「神様との関わりが深い」、「旧暦の日取りが決まっている」、「若者と高齢者の絆が深くなる」、「なくなると寂しい」などです。このように「伝統行事」の中身が具体的になると、神様との関わりは大切にされているのか、日取りは守られているのかなど、何を継承するのかの検討はもちろんのこと、なぜ継承する必要があるのかも考えやすくなります。

一方、ここから「環境文化」に関係するシマの人の暮らしと自然との関わりもみえてきました。神様との関わりは、自然や先祖への畏敬の念に通じますし、旧暦の日取りは、「十五夜の月は真ん丸」という例にみられるように、月の満ち欠けや潮の満ち引き、四季の移ろいなど、やはり自然のリズムと暮らしが一体だったことを表します。集落の人々の絆についても、高度な技術をもたないまま自然と向き合い生きていくには、集団の知恵が必要だったことがわかります。

区長さんらの意見を尊重して企画したことで、行動目標がみえてきました。仮に「環境文化」を大上段に掲げたり、専門家に「伝統行事とは…」という定義を語ってもらったりしていたらどうだったでしょうか。「おもしろかった」という反応はもらえたかもしれませんが、恐らく現実を変える力には結びつかなかったでしょう。専門家の意見は貴重であったとしても、問題を解くためには、それだけでは足りないのです。

伝統行事の継承の問題のように、私たちの身の回りには、原因と結果の関係が複雑多岐で、「問題」を特定しづらい現象が少なくありません。このような問題には、普遍的で唯一絶対の正解ではなく、特定の現場で当面成立可能で、受容可能な「成解」を専門家と非専門家の分け隔てなく、探求していくことが有効です。協働的実践の性格をもつこのような研究スタイルの輪を奄美群島から広げていきたいと考えています。

7　島嶼研究雑感

柿沼太郎（鹿児島大学大学院理工学研究科）

『坊つちやん』では、さまざまな性格の人物が夏目漱石によって生き生きと語られます。赴任早々、江戸っ子の主人公は、土地や人々を自分の経験と比べてあれこれ批評します。東京からみた四国松山は田舎でした。ところでその東京も、西欧列強からみれば田舎でした。本土から離れた島を離島と呼びます。明治の日本は離島でした。現代の日本は、国際社会からみて離島ではないと言い切れるでしょうか。離島の諸策は、日本という島の政策の縮図です。

国や県による離島振興の成果は、水道普及率の向上や、助産師数が不足しているものの医療施設の確保など、数多くの特にハード整備に現れています。しかしながら、振興のエネルギーは、すべての離島に均等に配分することが難しく、格差を埋めようとしても、本土との距離といった離島固有の因子に起因して不十分となってしまいます。振興は、このように他からの遅れを認めるところから始まるという、インフェリオリティ・コンプレックス（劣等感）を連想させます。

ただし、劣っているという評価は、ある規範をもちよってなされたわけであり、それは人口であったり、経済であったり、産業力であったり、利便性であったりと、離島が不利な項目がずらりと挙げられます。なぜなら、離島の弱点を探すための規範だからです。ところが、まったく異なる規範をもってくればどうでしょう。一度壊すと、修復に気の遠くなるような歳月を要する自然環境をもってくる。祭りといった固有の文化をもってくる。また、石油、天然ガス、メタンハイドレートや海底熱水鉱床などの、経済水域内資源を海洋に求める際に、離島は最先端の基地となります。

こうした指標を掲げたとき、離島と本土の格差は、スペリオリティ・コンプレックス（優越感）

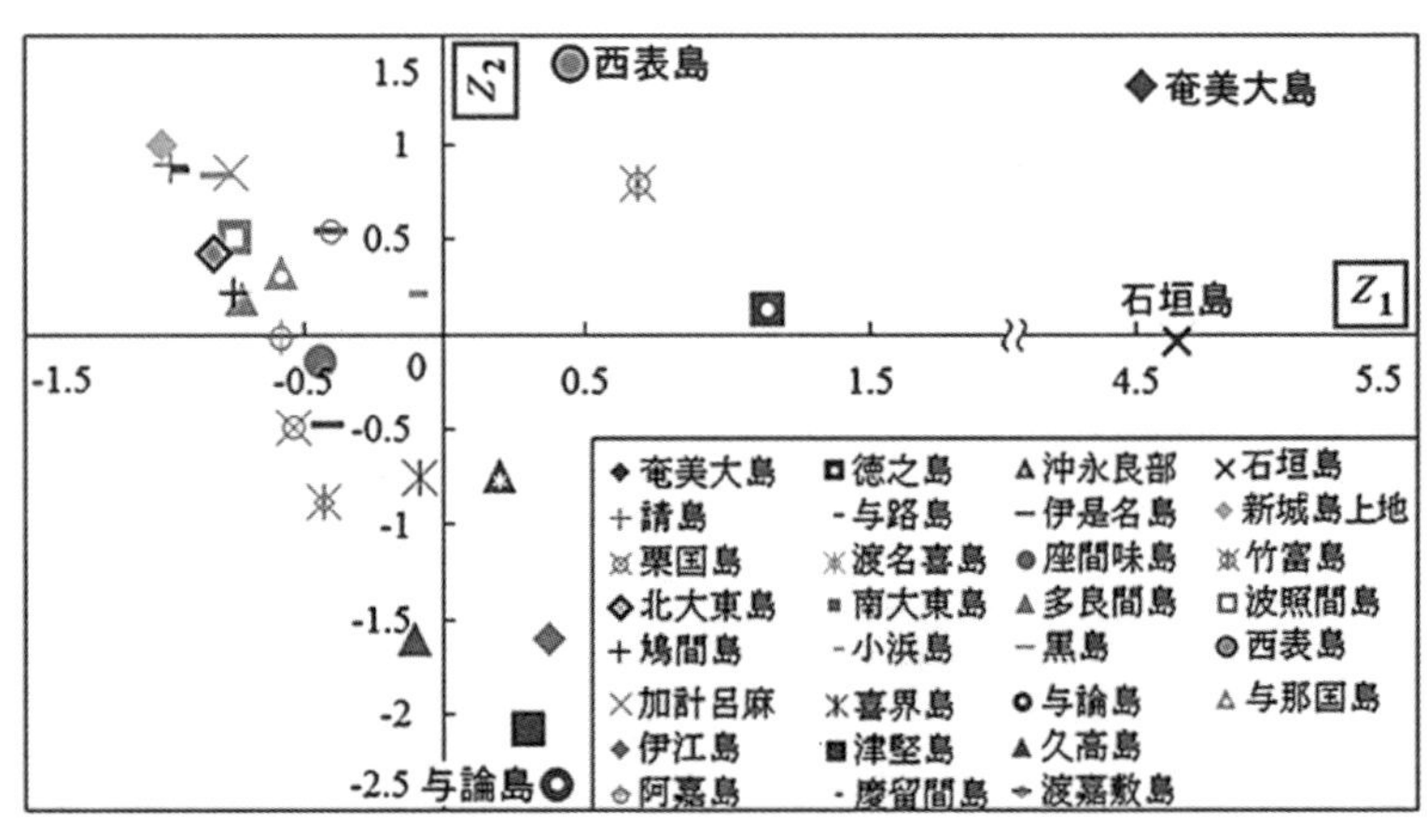

図２　奄美群島振興開発特別措置法および沖縄振興特別措置法に指定されている離島の観光に基づく経済に関する主成分分析結果

に変わります。都会での非日常を享受するため、人々は離島に足を延ばします。地域間格差は、負の方向のみならず、正の方向にも広がっています。そして、このことは、差が優劣を示すのでなく、特性を示す指標であることを意味しています。

振興・開発とは、既存のすばらしい要素を確実に維持しながら、快適で安心できる人間生活を保障することであり、これは離島も本土も変わりません。私たちの研究室では、島嶼の性質を抽出しようと、各種データの分析を進めています。例えば、観光による経済力の強さを考えるために、人口密度、第三次産業就業者人口および観光客数に着目して、主成分分析を行いました（図２）。

対象は、奄美群島振興開発特別措置法および沖縄振興特別措置法に指定されている離島です。

二〇一三年発表の、日本離島センター、鹿児島県企画部統計課ならびに沖縄県企画部統計課のデータを用いました。その結果、石垣島および奄美大島は、Z1軸の得点が高く、観光力が強いことがわかりました。他方、Z2軸の得点が高い西表島は、人口密度に対して多くの観光客が訪れており、観光を強化して収益を改善できる可能性があります。また、Z1軸の得点が西表島と同程度の与論島は、Z2軸の得点が低く、人口密度に対する観光客数が西表島ほど多くないため、他産業と組み合わせながら、広報などに力を入れるのが得策の一つといえるでしょう。

他の例として、全国の有人の島嶼を対象とした、経済と医療に関する分類では、遠く離れた奄美大島と佐渡島に類似性が認められました。こうした情報の交換のためには、島嶼間の連携が必要です。住民代表を含む全国的な統合専門機関が、助言者・事業者である地方公共団体や法人などと、計画を協議して推進するのです。地方自治は住民のものです。住民の意見聴取や、住民による監視において、地域新聞が機能を発揮します。更新が可能である柔軟なハードとソフトが有機的に関連し、住民の生活と密接に結びつきながら発展してこそ、島は住民にとって快適な居住空間となります。

振興とは、生活から自然ににじみ出してくる空気が、島独自の文化を生み出すような環境を作っていくことかもしれません。こうして島は、前述した二つのコンプレックスから解放されます。坊っちゃんの反骨の意気が、山嵐とともにコンプレックスを吹き飛ばしたように。

8　離島の温暖化対策と再生可能エネルギー

市川英孝（鹿児島大学法文学部）

二〇一九年は多くの災害により、日本の各地に多大な被害をもたらしました。これまでにみられなかった被害の広域化、深刻化が目立ちました。この原因として挙げられているのが地球温暖化であり、二酸化炭素の排出が地球温暖化を引き起こすと考えられています。そのため、地球温暖化対策は世界的な取り組みとして行われています。

二〇一五年パリで開かれた温室効果ガス削減に関する国際的取り決めを話し合う「国連気候変動枠組条約締約国会議（通称ＣＯＰ）」で合意されたパリ協定では、①世界の平均気温上昇を産業革命以前に比べて二度より十分低く保ち、一・五度に抑える努力をする、②そのため、世界の温室効果ガス排出量をできるかぎり早くピークアウトし、二一世紀後半には、温室効果ガス排出量と森林などによる吸収量のバランスをとる、と世界共通の長期目標が掲げられています。

二酸化炭素排出は企業活動とも密接に関係しており、温暖化対策は企業経営にも影響を与えています。例えば二〇一五年九月、国連サミットで採択されたＳＤＧｓ（Sustainable Development Goals）では、持続可能な開発目標が示され、それらに基づき企業が海洋プラスチックごみ対策や貧困対策などの施策の実施を求められています。ＲＥ１００では自社で利用する電力をすべて再生可能エネルギーで賄うことが目標にされています。

またＥＳＧ投資では、二酸化炭素排出量削減や従業員の適切な労務管理、社外取締役の独立性といった環境（Environment）、社会（Social）、企業統治（Governance）への取り組み姿勢も投資の判断材料になっています。さらに、これからは二酸化炭素排出量を実質ゼロにするカーボン・ニュートラルから、二酸化炭素排出量をマイナスにするカーボン・ネガティブへと企業活動の取り組みに変化が起こるなど、地球レベルの取り組みを各企業が行う段階になっています。

それでは個人レベルで上記のような取り組みをどのようにしていくべきでしょうか。その一つは再生可能エネルギーの利用でしょう。二〇一七年度の日本の電源別発電電力量の構成比は、石炭三三・二％、石油六・六％、天然ガス三七・五％、原子力三・一％、水力およびその他が一九・六％と、石炭・石油の割合が高いことがわかります。電気は人の生活には必要不可欠であり、現在の生活レベルを落としてでも電力利用を抑えるという選択肢は難しいのではないでしょうか。

そうなると再生可能エネルギーによる発電を増やし、石炭・石油由来の電力使用を削減することが第一の選択肢になるでしょう。政府は、二〇一八年のエネルギー基本計画で再生可能エネルギーをベースロード電源としました。二〇三〇年、目標の電源構成では、再生可能エネルギー二二〜二四%、原子力二〇〜二二%、LNG（液化天然ガス）火力二七%、石炭火力二六%、石油火力三%としましたが、二酸化炭素排出の積極的抑制は感じられません。日本での再生可能エネルギーに関しては、そのほとんどが太陽光発電であり、これは二〇一一年の東日本大震災後のFIT（固定価格買取制度）による売電効果が最も高いため、そして風力発電などのような環境評価をする必要がなく、初期設置費用が抑えられるためです。太陽光発電偏重が日本の再生可能エネルギーの健全な普及に悪影響をもたらしたという意見もありますが、もし太陽光発電もなかったとしたら、日本で再生可能エネルギーが利用できる環境は進まなかったでしょう。

再生可能エネルギーが浸透するかどうかは、その安定的発電ができるかにかかっています。太陽光発電はご存じのとおり日中しか発電しません。電力供給では同時同量が基本的原則となります。電力の欠点としては生み出された電力の貯蔵が容易ではありません。再生可能エネルギーを社会のエネルギー体制に適応させ、安定した電力源とするためには安定供給を実現する必要があります。再生可能エネルギーが途切れなく発電できるようになり、さらに産み出したエネルギー

写真６　かいりゅう（画像提供：（株）ＩＨＩ）

を貯蔵できるようにし、必要に応じて供給を切らさないよう分散供給型の仕組みにすることです。

この仕組みは災害時などのリスク管理にもつながります。そしてこの仕組みは離島にこそ非常に有益です。自然エネルギーは多様です。例えば海洋エネルギーのポテンシャルは非常に高く評価されています。離島は自然の宝庫です。これは自然エネルギーが豊富であることも意味します。それらの資源を活用することで石油由来の電力に依存する必要がなくなるかもしれません。離島がもつ資源の有効活用が二酸化炭素削減につながることは間違いありません。まさしく地産地消です。

その一例として、黒潮を活用した発電が実施されています。鹿児島県の十島村口之島沖は黒潮が流れ、その潮流を活用した海流（かいりゅう）発電の利用は資源の有効活用となりうるでしょう（写真6）。資源が豊富にあることを念頭に置き、自身のライフスタイルの見直しを含めて、二酸化炭素削減は個人レベルで実現できることです。また海流発電は天候の影響を受けにくいといいます。海洋発電は再生可能エネルギーの電力の安定供給が難しい、というマイナス面をクリアします。

離島の環境は厳しい要素もありますが、人口が少なく、島だからこそ経済的な費用対効果を計測することもできます。本土では実現するのが難しいことであっても、奄美群島などの離島では可能なことなのです。

9　ソサエティー5・0@奄美群島

升屋正人（鹿児島大学学術情報基盤センター）

狩猟社会、農耕社会、工業社会、情報社会へと続き、そして今、私たちはその次の社会を迎えようとしています。人工知能など先端技術を活用し、あらゆる人が快適に暮らせる社会、いわゆる超スマート社会が「ソサエティー5・0」です（図3）。その実現に不可欠なのが超高速のイン

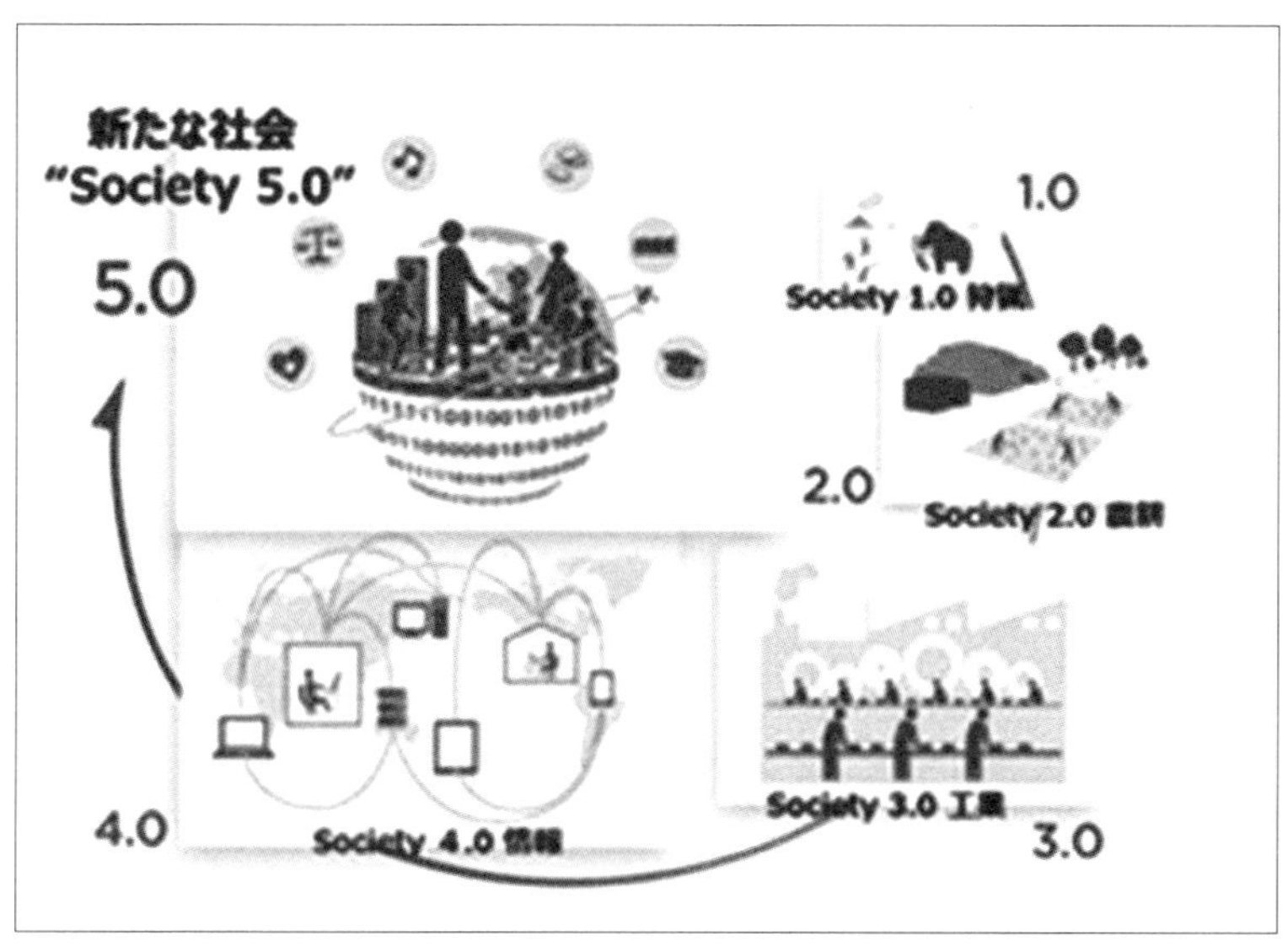

図3　ソサエティー5.0は、経済発展と社会的課題の解決を両立する、人間中心の社会である（内閣府作成）

ターネット回線、ブロードバンドです。なかでも、光ファイバー網によりもたらされる超高速ブロードバンドは未来のライフラインとして欠かせないものとなっています。ところが、光ファイバー網の整備は都市部を中心に行われ、離島や山間部など地理的条件が不利な地域での整備は遅れました。

そのような状況であっても、奄美群島においては住民と自治体が一体となった取り組みにより光ファイバー網の整備が進み、与論島、沖永良部島を端緒として今や二次離島、三次離島を除いて、多くの地域で都市部と同等の超高速ブロードバンドが利用できるようになりました。

ところが、「光ファイバー網を整備し

たのに遅い」という声が上がりました。実はその原因は、インターネットの仕組みにあります。インターネットにおけるデータのやりとりに使われている仕組みでは、通信の確実性を確保するため、データが到達したことを確認してから次のデータが送信されます。もし応答がなければデータを再送信することにより、確実なデータ伝送が実現されています。この仕組みでは、通信の相手との距離が大きくなればなるほど、時間あたりに送ることのできるデータが少なくなります。つまり、遅くなります。日本では、インターネットの上のサービスを提供するサーバは東京に集中しているため、東京から離れれば離れるほど遅いということになります。鹿児島県内で東京からの距離が最も長い与論島でこの問題が表面化しました。

光ファイバー網の整備は、交通網に例えれば、複数車線の舗装道路の整備に相当します。いくら立派な道路を造っても、自動車の性能が変わらなければ運搬できる荷物の量は多くはなりません。与論島に光ファイバー網が整備された当時の通信の仕組みは、いわば軽トラックによる荷物の運搬でした。せっかく立派な道路が整備されてもそれを十分に生かすことができなかったのです。

このインターネットが遅い問題を解決するため、鹿児島大学では、通信区間を分割することによる高速化技術が開発されました。荷物の運搬においては中継倉庫を置くことに相当します。途中の倉庫まで運搬することで完了通知を得ることができるので、次の荷物を発送するまでの時間を短縮でき、運搬できる荷物の量を増やすことができる技術です。

これは実用化可能な技術でしたが、残念ながら採用にはいたりませんでした。いつの間にか、与論島のインターネットが速くなっていたのです。

Ｗｉｎｄｏｗｓは、Ｖｉｓｔａ以降のバージョンで通信の性能が大きく改善しました。軽トラックが中型トラックになったと考えていいでしょう。一度に運べるデータが大幅に増え、光ファイバー網の性能を生かせるようになりました。

技術の進展により中継装置にも改良が加えられ、通信経路が短縮されて、東京との間の時間が短縮されました。交通網でいえば、バイパスや自動車専用道路が整備されたことと同じです。これにより、今では遅さをあまり感じません。

さらに、新しい通信方式も開発され、より高速な通信が可能となりました。いまや大型トラックが行き交うようになったのです。光ファイバー網が整備されていなければ、この大型トラックに相当する通信方式を生かすことはできなかったでしょう。

光ファイバー網の能力を十分に活用できることで、次は第五世代携帯電話網（５Ｇ）の展開がみえてきました。超高速の無線技術である５Ｇではありますが、５Ｇでの通信は携帯電話基地局と端末間の通信に限られます。基地局から上流は光ファイバー網であるため、５Ｇは光ファイバー網が整備されていない地域では整備されません。光ファイバー網が整備されていなければソサエティー５・０はやってこないことになります。その意味でも、いち早く光ファイバー網の整備に向けて取り組んだ奄美群島の皆さまには先見の明があったといえます。都市部から大きく遅れることなく、５Ｇも導入されるに違いありません。そのときこそ、光ファイバー網の真の力が発揮され、超スマート社会が奄美群島でも実現されることになるでしょう。

10　島民の多様性と新たな共同性が離島再生をもたらす

西村　知（鹿児島大学法文学部）

国内の離島では、人口減少や高齢化が進み、存続が危機的である限界集落が増加しています。一方で、国民の居住地への選好の多様化、主にＩＣＴ（情報通信技術）の発展・普及による生活・労働環境の地方と都市の格差の縮小、政府の移住政策などによって、人口増加・若年化を実現している離島も多数存在します。その好例が鹿児島県の十島村諏訪之瀬島です。諏訪之瀬島では、二〇〇〇年には七四人であった人口が、二〇一〇年には四二人にまで減少しました。しかし、十島村や諏訪之瀬島のさまざまな試みによって、二〇一六年には七九人まで増加しました。移住者の多くはIターン者です。十島村役場の統計資料によれば、二〇〇九年度から二〇一六年度の移住者は三八人でしたが、そのうちIターン者は三一人、Uターン者は七人でした。Iターン者は移住者合計の八一・六％を占めています。高齢者の人口割合は、二〇一〇年の二九・五％から二〇一六年の一七・五％に減少しました。人口増加と若年化が同時に進んでいることがわかります。この島がIターン者を呼び込み、再生へと歩み始めた過程をみていきましょう。

諏訪之瀬島は、文化一〇（一八一三）年の火山大噴火のあとに無人島化し、約七〇年後の一八八〇年代に奄美大島出身の藤井富伝氏らが入植しました。そして、一九六〇年代末には、コミューン（自律的な生活を行う集落）の形成が新しい島民グループを作り出しました。彼らは外部者から「ヒッピー」と呼ばれました。当時、この島では定期船による物流網維持のために若者の移住が渇望されていました。東京の「部族」という集団に属していた榊七夫氏は、島民の要請を受け、仲間に声をかけて、アメリカ人の詩人ゲーリー・スナイダー氏などと共にコミューンを一九六七年に作りました。このコミューンには多くの若者が訪れ、一九七七～一九七八年ごろまでは貨幣を用いない、ほぼ自給自足の共同生活が行われていました。メンバーの結婚や子育てが世帯単位での生活を余儀なくし、コミューンは崩壊しました。しかし、元コミューンのメンバーを含む五世帯が島の長老グループとして、神社で行われるアラセツやシバサシなどの奄美起源の祭り、自治会行事、学校行事の運営において中心的な存在になっています（二〇一六年現在）。奄美大島からの入植者の子孫とコミューンの島民たちは差異を乗り越えて共同性を作り上げ、奄美文化の影響を残す島の文化を次世代に継承しています。そして彼らが、近年のIターン者の受け入れや定着の基礎を作っているのです。

また、インターネットの普及は、多岐にわたる職種の人々の離島定住をより容易なものとしています。民宿経営者の一部は、ウェブサイトを用いることによって顧客を獲得しています。ウェブサイト作成で所得を得ている女性もいます。島内には商店がありませんが、島民は、長年に渡って利用してきた限られた鹿児島市内の商店に加えて、ネットショッピングで商品を入手することも可能になりました。鹿児島市内の有力スーパー「タイヨー」やアマゾンを通じて、さまざまな商品を入手する島民が増加しています。タイヨーのネットスーパーでは、離島でも鹿児島市内でも配達料は一律です。物資の調達面では、都市と離島との格差は確実に縮小しています。物流や情報ギャップの縮小を追い風として、古参のIターン者らは多様な移住者を上手に受け入れてきているのです。

多様な主体の協働関係も特筆すべきです。島民は役場やNPOと協力しながらIターン者の受け入れに力を入れています。NPO法人トカラ・インターフェイスは移住希望者のための島の視察ツアーの企画・運営を行っています。このNPOは、これまでの公共事業依存型の経済活動から脱却し、自立・自興の道を探り、この地域にしかない「豊かさ」に目を向け、人と自然、人と人とが共生・共助する地域の仕組み「結(ゆい)」の再認識・再構築を目指しています。

人口減少・高齢化が進行する離島の経済や社会を再生するプロジェクトは容易なものではありません。しかし、離島の歴史で培われた文化資源を活かしながら、多様な人々を受け入れ、新しい共同性を作り上げていくことは離島再生の一つの道であると考えられます（写真7）。

写真７　諏訪之瀬島の島民の多様性を示す地蔵

Ⅲ　教育の場としての島

1　離島で学ぶ若い医療人

嶽﨑俊郎（鹿児島大学大学院医歯学総合研究科）

離島における医療にさまざまな制約があるのは、昔も今も変わりはありません。それがゆえに、多様な支援と工夫が行われて、三〇年前と比べてみると医療の現状もずいぶんと改善されてきました。大きな課題の一つである救急体制に関しては、ヘリコプターが活用できるようになり、自衛隊や海上保安庁、一九九八年に導入された県の防災ヘリに加え、二〇一一年からは鹿児島県でもドクター・ヘリが運用されるようになりました。

ドクター・ヘリの利点は、要請のあった地点までいち早く医師と看護師が駆けつけ、処置を始めながら搬送できることです。さらに、離島における拠点として奄美大島にある鹿児島県立大島病院に救命救急センターが設置され、二〇一七年から待望のドクター・ヘリの運用が開始されました。全国で唯一、離島に設置された同センターでは、救急専門医を中心に若い医師たちがチームを組んで、病院の専門医と連携を取りながら、二四時間体制で救命に当たっています。特に救急の場では若い元気な医師の力が必要です。救命救急センターができても、マンパワーが不足すると、医療スタッフが疲弊し、十分に機能しなくなってしまいます。

一方で、離島やへき地では専門医が限られていることにより、診療所の先生方が幅広い知識と経験のもと、さまざまな病気をもつ、幅広い年齢層の患者さんを診ています。特に高齢の方々は、多種多様な背景のもと、複数の病気を抱えていることも多く、地域や家族のことまで熟知している診療所の先生は頼りになる存在です。さらに、救急や専門の病気を的確に判断し、搬送や紹介をすることも大切な役割です。真に、これが総合診療です。

高齢化が進む日本の医療を支えるためには、離島やへき地だけではなく、都市部でも総合診療が必要です。そのため、国もその養成を進めてはいますが、なかなか、うまくいきません。しかし、離島には以前から総合診療が根づいています。ある意味、離島はこれからの日本の医療のモデルでもあるわけです。

若い医学生のなかには、離島医療に興味をもつ学生が少なからずいます。私も学生時代に、奄美大島や長崎県の五島列島に行って見学や実習をした時のことを覚えています。奄美大島では、

写真８　請島の巡回診療に同行する医学生

木造二階建ての医師宿舎に泊めてもらったこと、海岸沿いのアップダウンの続く、くねくねした道を丸一日かけて友人らとドライブしたことなどです。機会があったら医師として行ってみたいと思っていました。

小児科医として鹿児島市で働いている時に、県立大島病院に勤務するチャンスが巡ってきたことがありました。いよいよかと期待しましたが、希望者が多く、抽選に外れてしまいました。その後、鹿児島市を一時離れ、鹿児島大学に教員として赴任した二〇〇三年には、すでに一部の学生に対して離島実習が始まっていました（写真８）。その後、実習を継続しながら、離島の先生方や住民の方々に接し、離島はすばらしい医学教育の場であることを確信いたしました。

離島実習は更に発展し、二〇〇七年にはすべての医学科学生（約一二〇人）を数人ずつのグループにわけ、一〇カ所ほどの離島医療機関で一週間の実習を開始しました。さらに、地域医療を支えるために二〇〇六年から始まった地域推薦枠制度で入学してきた学生全員に対し、一〜二年生時に夏休みの離島実習を行うようにもなりました。このような実績が認められ、国から大学に離島へき地医療人育成センターの設置が認められ、実習の中身も充実し、全国の医学生に呼びかけて奄美群島での離島実習も始めました。さらに、離島で救急医療分野における医療人を育てるための大学の支援も始まりました。

学生らは、まだひよっこながら、実際の総合診療を目の当たりにして、その魅力、難しさ、責任感、さまざまなことを感じながら、これからの医療を担っていく医療人としての経験を積んでいきます。学生らのレポートや発表会からは、離島医療に関わる先生方の思いや、住民の方々への感謝、先生方や住民の方々の学生への期待が伝わり、離島実習を行ってよかったと思います。これからの離島医療、日本の医療を担っていく若い医療人たちが離島の魅力に浸りながら、一所懸命、学び、研修し、診療している姿を見かけた際には、暖かく見守っていただけると幸いです。

2　シマの看護と看護職

兒玉慎平（鹿児島大学医学部）

私が鹿児島大学の看護学専攻に赴任したのは二〇〇三年の春のことです。四月も半ばが過ぎ、ようやく鹿児島市での新生活に慣れたある日、上司の教授が言いました。「ちょっと、出張に行ってくれないか」。告げられた出張先は与路島でした。初めて訪れた与路島の印象は忘れられません。当時一〇〇人あまりだった住民すべてが一つの集落で生活する小さな島。へき地診療所はあるものの、常駐しているのは看護師一人。地域社会といえば、それまで生活していた関東地方の都市部しか見たことのなかった私にはまさに衝撃でした。

帰ってきてから教授が教えてくれた、奄美群島における「シマ」とは島嶼のことではなく、集落などの自らの属する地域のコミュニティーを示す言葉であるという話をよく覚えています。以来、毎年何回となく奄美群島を訪れています。すでに教授は退職されましたが、私は今も鹿児島大学で看護の教育と研究に携わっています。

突然ですが、皆さまは「地域包括ケアシステム」という言葉をご存じでしょうか。二〇一一年の介護保険法の改正を契機に厚生労働省が日本全体で推進する、住み慣れた地域で自分らしい暮らしを人生の最後まで続けることができるよう、住まい・医療・介護・予防・生活支援が一体的に提供される体制のことであり、現在私が専門とする地域看護学においても重要なキーワードになっています。地域包括ケアシステムでは、それぞれの地域が、限りある資源のなかで自分たちの地域の強みをうまく活用し、自主的、主体的に地域の特性を生かした体制を作りあげることが重要とされています。

また、中学校区などの小規模なコミュニティーを地域の単位として想定し、自助・互助・共助・公助のバランス、そのなかでも地域における人同士の助け合いである互助の役割が意識されることが多いのも特徴です。この体制を地域でサポートするために市町村に設置されている地域包括支援センターなどは耳にされたことがある方もおられるかもしれません。地域包括ケアシステムの構築には保健師、助産師、看護師といった看護職が深く関わることから、近年、看護における地域看護学の重要性は増してきており、教育の充実が強く求められています。

この地域包括ケアシステムの話を初めて聞いた時、どこかで聞いたことのある話だなと感じました。これはいつも見てきた島嶼の看護職の活動そのものではないか。奄美群島を訪れるとき、いつも印象に残るのは、そこで活動する看護職や地域の方々の姿でした。取り組み方は人それぞれではありましたが、決して豊富とはいえない資源のなかで、シマの人々のつながりを強みとして生かしながら、住民の方々が自分らしく生きられるよう支援をされていました。換言すれば、奄美群島の看護職の方々はそれぞれの地域で包括的なケアシステムの構築を自然に行っていたということです。事実、調べてみると大和村と龍郷町の活動が地域包括ケアシステムの先駆的な事例として厚生労働省で取り上げられており、さらに大和村は構築モデル例の一〇市町村の一つに選ばれていたのです。

そもそも看護の世界では対象を包括的に捉える考え方はなじみ深いものです。病気を診るのではなく患者を看るという考え方は医療全体で大切とされていますが、特に看護職においては、対象をとりまく環境（家族や地域社会）との関わりを含めて全体的に捉え、その人が地域の中で自分らしく生きられるよう援助することが強調されてきました。実際には、言うは易く行うは難しなのですが、なぜか小さな島嶼では、それを自然に体得している方がたくさんいるように感じています。

このように感じるのは、私が深く関われた地域における看護活動の多くが奄美群島のものであったということが大きいのかもしれません。ただ、一つの理由として与路島にもみられたような島嶼の狭小性と資源の稀少性があるような気がしています。狭いけれどもそのなかである意味完結している一つの世界。さらにそのなかで、圧倒的に足りない資源をやりくりして対応しなければならない看護職。一つ一つは不利な環境ではありますが、シマという自分の意識のなかにおさまる手ごろな大きさの地域社会が、対象を包括的に捉える看護職の能力を養っているのではないでしょうか。

写真９　宇検村で開催された日本ルーラルナーシング学会での大会長あいさつ

私の解釈はともかくとしても、奄美群島には、すばらしい活動をされている看護職の方が数多くいるのは確かです。ただ、それを当たり前のこととして捉え、活動の価値に気づいておられないことが多いのが少し残念に感じています。シマの看護についてぜひ広く発信していただければ、活動されている地域への貢献だけではなく、奄美群島全体、さらには日本の看護へ貢献することができると思っています。

二〇一七年一一月、私に初めての与路島出張を命じた波多野浩道先生が大会長となり、宇検村で日本ルーラルナーシング学会の学術集会が開催されました

（ルーラルナーシングとは、「へき地や離島における看護」という意味です）。テーマは「シマを語る」（写真9）。学術集会はできるだけ交通の便の良いところで行われるのが一般的ななかで、人の縁もありましたが、奄美群島のシマを実際に感じてほしいという思いからのあえての開催地の選択でした。鹿児島県内外から多くの参加者が集うなか、奄美群島で活躍する方々の活動も数多く発表されました。私も微力ながら企画委員会委員として関わることができて光栄でした。今後もこのような機会に貢献し、お世話いただいた奄美群島の皆さまへ恩返しができれば、と考えています。

3　いのちを育む島の魅力

井上尚美（鹿児島大学医学部）

鹿児島県の島は、全国でも高い合計特殊出生率を維持しています。二〇一三～二〇一七年の全国市区町村合計特殊出生率ランキングをみると、第二位伊仙町、第三位徳之島町、第七位天城町、第八位知名町と四町がトップテンに入っています（写真10）。このデータをみると、島は出産や子育てが楽にできるところと思ってしまう方もいるかもしれません。

鹿児島県には人が生活している島が二六島ありますが、産科医療施設（以下、産科施設）があり、お産ができるのは五島のみです。先のランキング第一五位の喜界町、第三七位の与論町は島に産科施設はありません。女性たちは、妊婦健康診査のために船や飛行機を使って島外の施設へ通います。そして、出産予定日が近くなると島を離れ、家族と離れ、お産ができる島で暮らしながら出産を待ちます。こんな大変な思いをしながら島の女性とその家族は子どもを育んでいるのです。

写真 10　徳之島「子宝」空港。空港の名前からも子どもの育みを大切にしている島の思いが伝わってくる

　産科施設のない島に住む女性への聞き取り調査で、女性たちの母としての思いを知りました。「上の子や家族と離れるのは寂しいけど、お腹の子を無事に産むことだけを考える。それが母親としての責任」。島を離れてのお産は、女性たちの母になるという覚悟に支えられていまし

た。もちろん家族の大きな支援もあります。妊娠中は「畑仕事はしなくていい。重いものを持ったらいけない」。お産後は「針仕事と水仕事はしてはいけない」と女性たちは大切にされていました。

島の女性たちは妊娠に関する高いセルフケア能力ももっています。女性たちはインターネットだけではなく、年配者や他の母親たちからも積極的に情報を集めていました。そのなかには「ヤギ肉を食べるといけない」、「わかめを食べると子どもの髪がよく生える」、「魚汁が良い」など島独自のセルフケアが含まれています。妊娠を通して島の生活や文化で育まれたセルフケアが伝承されていました。

さらに興味深いのは異常が起きた時の対処です。「出血した時は、量とか色とかをよく観察してから病院や保健師に電話をかける」。医療者さながらの観察力です。今は、妊娠や出産は医療者に任せていればどうにかなると考えている女性が増えています。女性の主体性をどのように引き出していくのかが助産師の悩みどころでもあります。しかし、島の女性たちからは、自分の身体やお腹の子どもは自分で守るという意識の高さを感じました。

保健指導に関する調査を島で行ったことがあります。この調査は、母親たちのマタニティクラスへの参加が少ない、妊娠や出産はどうにかなるさという考えがあるのでは、という話を聞いたのがきっかけでした。しかし、データを通してみえた状況は違っていました。女性たちは上手に必要な情報を収集しています。医療的な情報は妊婦健康診査の時に助産師や医師に直接尋ね、自分の状態に応じた情報を得ています。そのほかの妊娠・出産・子育てに関することは、身近にいる経験者に尋ねていました。なんとかなるというおおらかさは、実はそれなりの情報や根拠に基づいた臨機応変さなのではないかと感じました。

学生実習も島でお世話になっています。鹿児島県出身の学生でも島へ行くのは初めてという学生がかなりいます。島を知らない学生は、島の生活は不便、島の医療は大変、そんなマイナスのイメージをもつことも少なくありません。しかし、島へ行き、島の人たちや生活にふれ、医療の現場をみることで学生のイメージは大きく変わります。物や資源がないことが不自由、不便ではないことに気づかされます。そして、島の医療者たちの「島の人たちのいのちは自分たちが守る」という強い思いを知り、医療者を目指す自分のこころを大きく揺さぶられます。島は医療に携わる学生の責任感や使命感をも育んでくれる場所なのです。

便利さを優先し、面倒な人間関係を避けて暮らせるようになった今、私たちが失いかけた大切なものに気づかせてくれるのが島の人々の営みだと感じます。何よりも島の女性たちの生きる力はすばらしい。今後も島をフィールドにした研究や学生の教育を続けていきますが、次はどのようなすばらしさに気づかされるのか、とても楽しみです。

4　与論島で学ぶ生態系と環境

北村有迅・上野大輔（鹿児島大学大学院理工学研究科）

鹿児島大学は日本本土最南端にある国立大学です。取り巻く自然環境は日本でも屈指の多様さと豊かさを誇り、地球環境科学を学ぶうえでこれほど適した大学は世界的にも稀（まれ）です。森あり海あり火山あり、さらには大小六〇〇を超える島々を有し、その数日本第二位の鹿児島県。もし、ここで自分が大学生だったなら…、晴れの日は自主巡検と称して大隅の山で虫や植物探しと洒落（しゃれ）込むか、はたまた枕崎（まくらざき）や坊津（ぼうのつ）でスノーケリングをして海の生き物と戯れるべきか。もっとも、これらの場合には授業をエスケープせざるを得ませんが。

でも、真面目に授業に出席しても、午後から桜島へのお出かけは十分可能です。週末はもちろん、お泊まりでしょう。屋久島に行こうか、トカラ列島も魅力的です。遊んでばかりの日常と取られるかも知れませんが、これは極上の環境教育の講義を受講しているのと同義です。裏を返せば、私たちが手抜きの授業を行えば、すぐさま学生に見限られるということをも意味します。野外で行う実習形式の授業は、学生たちの高い知識欲を満足させうる贅沢な内容に仕上げる必要があるのです。本項では、恵まれた自然環境をふんだんに生かした鹿児島大学の野外実習について紹介したいと思います。

鹿児島大学の理学部には、三〇年以上の伝統をもつ通称「与論実習」があります。正式名称は「地域自然環境実習」。地域の自然環境をまるごと体感し、専門的な理解を深め、さらに地域文化とのつながりを学習するものです。実習地となる与論島は鹿児島県内でも最南端。そこに待っているのは、鹿児島市に暮らす学生にとって衝撃ともいえる非日常な「南の島」です。

実習は大学から出発し、スクールバスで鹿児島新港に向かいます。島へ渡る手段は片道約二〇時間のフェリーです。この船旅も大切な学習の機会なのです。南北六〇〇キロメートルの鹿児島県を体感し、連なる島々に寄港しながら、島ごとの地質・地形的な違いや、南下するほどに青く澄んだ海を目の当たりにします。トビウオやウミガメに歓声をあげ、寄港のたびに大きな荷物とともに乗り降りする人の姿に島の営みを感じるのです。

夕刻に鹿児島新港を出た船は、翌日の昼にようやく与論島の港に接岸します。港で迎えてくれるのは、三〇年来この実習の拠点を引き受けていただいているヨロンビーチランドロッジの「マスター」川本治利さんです。この実習が始まった当初は実習地についても手探りで、実習を始めて二年目には鹿児島県本土で実施してみたものの学生には大変不評でした。以降、ずっと与論島

写真11　いざ、百合ケ浜へ。豊かな自然に学ぶ野外実習は、座学にはない魅力にあふれる

にお世話になっています。初期に引率していた時には若手教員だったゴカイ研究者の佐藤正典先生も、二〇二〇年度に定年退職を迎えました。マスターと与論実習には、学生だけではなく教員の成長も見守られてきたのです。長年の実習受け入れの労をねぎらって、二〇〇四年にはマスターの川本さんに当時の理学部長から感謝状が送られました。

　実習内容に目を向けましょう。船の中からすでに実習は始まっていますが、本格的な課題に取り組むのは島に到着してからです。内容は天候や引率教員の顔触れによっても若干変わりますが、主には「海岸の植生や環境の観察」、「内陸部の植生観察」、「サンゴ礁の磯観察」、そしてそれらを踏まえての「自由観察」からなります（写真11）。海や陸に暮らす動植物について、実物に触れながら学習することができるのが売りの一つです。日中は山や海に出かけ、夕方はロッジにて生き物の「名前調べ」を行うのが恒例です。どういう特徴があるのか？図鑑の解説と一致するのか？など考えることを通じ、観察力や論理的思考力が育まれます。もちろん、生き物そのものについても詳しくなります。

学びには、遊びも忘れてはいけません。名前調べが早く終われば、夜の海岸へ生物観察に出かけます。昼間地面の下や岩の割れ目深くに潜っている大きなオカガニや、世界最大の陸生ヤドカリであるヤシガニなど夜行性の熱帯生物に出合えるチャンスです。岩の隙間をトーチで照らしながら探すのは、宝探しにも似てとてもワクワクします。運よくウミガメの産卵に遭遇できれば、もう言うことはないでしょう。また、二〇二〇年に新種や日本初記録種として報告されたユンヌカニヤドリムシとカニヤドリエビヤドリムシは、学生たちが採集したカニに寄生していたものでした。与論実習は学術的価値の高い発見を産むこともあるのです。

この四半世紀で理学部では二度の改組がありました。一九九七年から二〇二〇年までは、フィールド科学というくくりの地球環境科学科の実習として開かれていたため、地学系の教員が引率に加わることもあり、地形や地質も含めたより広く総合的な自然環境を学ぶような実習に育ってきました。

帰りのフェリーを待つ港で学生たちを眺めていると、南の島の自然を存分に学んだ彼らが外界に対する視野を少しでも広げてくれれば、と願うばかりです。

5　与論島での集中講義「島のしくみ」

山本宗立（鹿児島大学国際島嶼教育研究センター）

鹿児島大学には鹿児島県の離島で研修・実習を行う講義があります。その一つが共通教育科目・集中講義の「島のしくみ」です。五泊六日（といっても船中二泊ですが）の与論島での研修で、国際島嶼教育研究センターの教員が担当しています。いわゆる一般教養科目なので、受講生は一～二年生が多いのですが、三～四年生が参加することもあります。

与論島へ行く前に必ずガイダンスを開催します。その時に「なぜこの講義を受けようと思ったのか」と学生に聞いてみると、おもしろい傾向があることに気づきました。奄美群島など鹿児島県の離島出身（あるいは離島で暮らした経験あり）の学生は、「島」に興味があるから、といいます。鹿児島県外出身の学生は、せっかく鹿児島に来たのだから「島」へ行ってみたい、といいます。

それでは、鹿児島県本土出身の学生はどうでしょうか。友人が行くから、先輩にこの講義を勧められたから、など消極的な回答が目立ちます。そのうえ、屋久島あるいは種子島には行ったことがあるけれど、鹿児島県の他の離島に実はあまり行ったことがない、といいます。鹿児島県本土の小中高生が奄美群島やトカラ列島、甑島列島などで学ぶ教育プログラムがもっとたくさんあればいいのに、と鹿児島県外出身の私は思ってしまいます。

さて、「島のしくみ」で与論島へ行くときは、飛行機ではなくフェリーを利用します。その理由は、鹿児島市から鹿児島県最南端の島までの「距離」を学生に肌で感じてもらいたいからです。フェリー未経験の学生はもちろんのこと、フェリーに乗ったことのある学生でも、二〇時間弱という乗船時間は未知の世界のようです。それでも、学生は意外とフェリーでの時間を楽しくすごしています（海が荒れていないときの話ですが）。

乗船翌日の早朝に奄美大島に到着してからは、加計呂麻島・請島・与路島、徳之島、沖永良部島を順番に眺めながら与論島へ向かうので、学生が奄美群島の各島の位置関係や大きさ・地形などを学ぶことができるのもフェリーのよさです。

与論島では茶花（ちゃばな）の高台にある鹿児島大学与論活性化センター（元与論町立診療所）を研修所・宿泊所として利用してきました（二〇一七年度閉所、以降は民宿を利用しています）。ちなみに、現在は与論町の新庁舎がその場所にあります（二〇二〇年一月開庁）。二〇一三年の台風で与論町の旧庁舎が被害を受けたことは記憶に新しいところです。津波などの自然災害を考えると、高台はいい立地条件だと思われます。

集中講義では、まず座学として、与論町の行政、教育、文化、観光、農業、漁業などの現状・課題・将来について、与論島の経験豊かな実務者の方々に講義をしていただきます。ご担当の皆さまにはこの場をお借りして厚くお礼申し上げます。

与論島に来たのに座学だけではもったいないので、丸一日かけて島のあちこちをまわります。訪問先は年度によって異なりますが、例えば、与論町役場、消防署、堆肥センター、漁協、日本マルコ㈱与論工場、古里浄水場、有村酒造、与論民俗村、サザンクロスセンター、琴平神社・地主神社などです（写真12、13）。

写真 12　与論城（ぐすく）から沖縄島を望む

与論島の標高の一番高いところへ行くと、島全体を見渡すことができ、学生は周辺の海の美しさに感動するとともに、沖永良部島だけではなく、沖縄県の伊平屋島や伊是名島、そして沖縄島が見えることに驚きます。一九七二年までここに国境があったことなどは、現在の学生にはピンとこないようです。

学生に人気があるのは、やはり百合ケ浜（大金久海岸）です。運がいいと、ぽっかりと浮かぶ百合ケ浜に上陸できることもあり、星砂をせっせと探しています。講義後には、学生はすっかり与論島ファンになっています。

集中講義のレポートの課題は「与論島を活性化させるためにはどのようなことをすればよいか」です。つたない文章が散見されるとはいえ、若者の視点からの、とてもすばらしいアイデアを提案してくれることがあります。少しでも与論島のお役に立てればと思い、与論島の講師の皆さまに毎年レポートをお送りするようにしています。

写真 13　与論城跡を散策し、巨大な岩でできた自然の城壁を仰ぐ

二〇二〇年度および二〇二一年度は、新型コロナウイルス感染症の拡大を受け、本講義を開講できませんでした。二〇二二年度には、学生が与論島を満喫できるような状況になっていることを願っています。

Ⅳ　おわりに

奄美群島には「何もない」のでしょうか。奄美群島はさまざまな点において「何もない」どころか「最先端」をいく地域であることが本書より浮き彫りになったと思います。

昨今、「多様性のある社会」が世界的に重要視されています。そのようななか、喜界島の事例からは、「私たちはずっと外の人を受け入れてきたから」というグローバル化時代の最先端の考え方がシマ／島にあることがわかりました。また、奄美群島の北に位置する十島村諏訪之瀬島の事例では、奄美大島からの入植者の子孫と他の島外出身者たちが差異を乗り越えて共同性を作り上げ、新たなIターン者の受け入れや定着の基礎を作っていることが明らかになりました。離島だけではなく日本社会全体に対して、本当の意味での「多様性のある社会」とは何か、奄美群島は「最先端」の考え方を提示できるでしょう。

情報基盤整備の点でも奄美群島は「最先端」のようです。離島や山間部など地理的条件の不利な地域で整備の遅れがちな光ファイバー網が、奄美群島では住民と自治体が一体となった取り組みによっていち早く整備されました。それにより、光ファイバー網が必須の第五世代携帯電話網

（５Ｇ）を奄美群島ではいつでも導入できる状況にあり、超スマート社会「ソサエティー５・０」が奄美群島で実現されるのも、それほど遠い話ではないでしょう。

地球温暖化の対策として再生可能エネルギーが注目を集めています。奄美群島は自然の宝庫で、それは自然エネルギーが豊富であることを意味し、例えば海洋エネルギーのポテンシャルは非常に高く評価されています。島だからこそ経済的な費用対効果を計測することができるため、奄美群島は将来的には自然エネルギーを地産地消できる先進的な地域になりうる可能性を秘めています。

日本は現在、医療や看護の現場で「総合診療」や「地域包括ケアシステム」を推進していますが、実は奄美群島には以前から総合診療が根づいていますし、地域包括ケアシステムは奄美群島の看護職の活動そのものです。つまり、奄美群島はこれからの日本の医療や看護のモデルとなる地域なのです。そのような場で、鹿児島大学の学生たちは医療や看護を学んでいるわけですから、なんと恵まれているのでしょう。

とはいえ、前述の「最先端」の多くは、もしかしたら「離島」というさまざまな制約のなかで培われたものであり、もともとは「最先端」を目指していたわけではないかもしれません。時代が巡り巡って、日本社会が奄美群島を「最先端」な地域と（勝手に）評価しはじめたといってもいいでしょう。だからといって、奄美群島の「社会」がもつ価値に今も昔も変わりはありません。それがある意味、奄美群島の本当の「宝」だと考えられないでしょうか?

本書のもう一つのキーワードとして、「当たり前」を見直す、ということが挙げられます。世界自然遺産に登録された奄美群島の自然は、そこに住む方々にとっては「当たり前」の風景です。「当たり前」すぎるからこそ、逆に人々と自然との関わりが少し希薄にみえるとの指摘がありました。「当たり前」を打破するには、往々にして「導き役」を介して、新しいまなざしで価値づけられる「体験」が必要とのことです。「当たり前の自然」を「世界的に価値のある自然」であると再認識することで、奄美群島のすばらしい自然を次世代に「宝」として残していくことができるでしょう。

都市計画事業についても同様の指摘がありました。奄美群島の都市開発を絵画に例えて、そろそろ絵を描き終える日が近づいているのではないか、完成前にいったん絵筆を置いて出来映えを確認してみてはどうか、との提案がありました。その確認中に必要なことも、「当たり前」を見直す、だと思われます。一歩下がって奄美群島を客観的にみると、きっといろいろな絵がより鮮明に見えてくることでしょう。

(編者)

Ⅴ　参考文献

エリック・ホブズボウム　テレンス・レンジャー編（前川啓治・梶原景昭ほか訳）『創られた伝統』紀伊国屋書店、一九九二年
鹿児島大学鹿児島環境学研究会編『奄美のノネコ　猫の問いかけ』南方新社、二〇一九年
鹿児島大学鹿児島環境学研究会編『奄美大島１００人１００の環境文化』南方新社、二〇二一年
鹿児島大学大学院医歯学総合研究科離島へき地医療人育成センター／地域医療学分野『離島・地域医療実習報告書２０１９』二〇二〇年
鹿児島大学大学院医歯学総合研究科離島へき地医療人育成センター／地域医療学分野『令和元年度地域枠修学生離島・へき地実習等委託業務報告書』二〇二〇年
高宮広土・河合　渓・桑原季雄編『鹿児島の島々　文化と社会・産業・自然』南方新社、二〇一六年
長嶋俊介・福澄孝博・木下紀正・升屋正人『日本一長い村トカラ　輝ける海道の島々』梓書院、二〇〇九年

夏目漱石『現代日本文學大系17　夏目漱石集（一）』筑摩書房、一九六八年
弓削政己・岩多雅朗・飯田　卓・中山清美『名瀬のまち　いまむかし　絵地図から地籍図まで』
南方新社、二〇一二年
渡辺芳郎編『奄美群島の歴史・文化・社会的多様性』南方新社、二〇二〇年

野田伸一　著

No. 1　**鹿児島の離島のおじゃま虫**

ISBN978-4-89290-030-3　56 頁　定価 700+ 税　(2015.03)

長嶋俊介　著

No. 2　**九州広域列島論**～ネシアの主人公とタイムカプセルの輝き～

ISBN978-4-89290-031-0　88 頁　定価 900+ 税　(2015.03)

小林哲夫　著

No. 3　**鹿児島の離島の火山**

ISBN978-4-89290-035-8　66 頁　定価 700+ 税　(2016.03)

鈴木英治ほか　編

No. 4　**生物多様性と保全**―奄美群島を例に―（上）

ISBN978-4-89290-037-2　74 頁　定価 800+ 税　(2016.03)

鈴木英治ほか　編

No. 5　**生物多様性と保全**―奄美群島を例に―（下）

ISBN978-4-89290-038-9　76 頁　定価 800+ 税　(2016.03)

佐藤宏之　著

No. 6　**自然災害と共に生きる**―近世種子島の気候変動と地域社会

ISBN978-4-89290-042-6　92 頁　定価 900+ 税　(2017.03)

森脇　広　著

No. 7　**鹿児島の地形を読む**―島々の海岸段丘

ISBN978-4-89290-043-3　70 頁　定価 800+ 税　(2017.03)

渡辺芳郎　著

No. 8　**近世トカラの物資流通**―陶磁器考古学からのアプローチ―

ISBN978-4-89290-045-7　82 頁　定価 800+ 税　(2018.03)

冨永茂人　著

No. 9　**鹿児島の果樹園芸**―南北六〇〇キロメートルの多様な気象条件下で―

ISBN978-4-89290-046-4　74 頁　定価 700+ 税　(2018.03)

山本宗立　著

No. 10　**唐辛子に旅して**

ISBN978-4-89290-048-8　48 頁　定価 700+ 税　(2019.03)

冨山清升　著

No. 11　**国外外来種の動物としてのアフリカマイマイ**

ISBN978-4-89290-049-5　94 頁　定価 900+ 税　(2019.03)

鈴木廣志　著
No. 12　**エビ・ヤドカリ・カニから鹿児島を見る**
ISBN978-4-89290-051-8　90頁　定価900+税　(2020.03)

梁川英俊　著
No. 13　**奄美島唄入門**
ISBN978-4-89290-052-5　88頁　定価900+税　(2020.03)

桑原季雄　著
No. 14　**奄美の文化人類学**
ISBN978-4-89290-056-3　80頁　定価800+税　(2021.03)

山本宗立・高宮広土　編
No. 15　**魅惑の島々、奄美群島**―歴史・文化編―
ISBN978-4-89290-057-0　60頁　定価700+税　(2021.03)

山本宗立・高宮広土　編
No. 16　**魅惑の島々、奄美群島**―農業・水産業編―
ISBN978-4-89290-058-7　68頁　定価700+税　(2021.03)

〔編者〕

山本　宗立（やまもと　そうた）

［略　　歴］

1980年三重県生まれ。京都大学大学院農学研究科博士課程修了、博士（農学）。2010年より鹿児島大学国際島嶼教育研究センター准教授。専門は民族植物学・熱帯農学。

［主要著書］

『ミクロネシア学ことはじめ　魅惑のピス島編』（南方新社、2017年、共編著）、『ミクロネシア学ことはじめ　絶海の孤島ピンゲラップ島編』（南方新社、2019年、共編著）、『唐辛子に旅して』（北斗書房、2019年）など。

高宮　広土（たかみや　ひろと）

［略　　歴］

1959年沖縄県生まれ。University of California, Los Angeles（UCLA）博士課程修了 Ph.D.in Anthropology。2015年より鹿児島大学国際島嶼教育研究センター教授。専門は先史人類学。

［主要著書］

『琉球列島先史・原史時代における環境と文化の変遷に関する実証的研究研究論文集第1・2集』（六一書房、2014年、共編著）、『奄美・沖縄諸島先史学の最前線』（南方新社、2018年、編著）、『奇跡の島々の先史学　琉球列島先史・原史時代の島嶼文明』（ボーダーインク、2021年）など。

鹿児島大学島嶼研ブックレット　No.17

魅惑の島々、奄美群島－社会経済・教育編－

2021年10月20日 第1版第1刷発行

発行者　鹿児島大学国際島嶼教育研究センター
発行所　北斗書房

〒132-0024　東京都江戸川区一之江8の3の2（MMビル）
電話 03-3674-5241　FAX03-3674-5244
URL　http//www.gyokyo.co.jp

定価は表紙に表示してあります

ISBN978-4-89290-061-7 C0039